Doris Senff

Laute hören –
Buchstaben schreiben

58 Kopiervorlagen

Vorwort

Die Blätter dieser Mappe unterstützen das Erlernen der Laut-Zeichenzuordnung und helfen das Gelernte zu festigen. Sie können zur Lautunterscheidung parallel zu den Werken des Anfangsunterrichts eingesetzt werden. Mehrere Blätter unterstützen zudem die rechtschriftliche Sicherung der Wörter.

Meine Arbeit als Sprachlehrerin an einer Grundschule mit großem sprachlichen Förderbedarf für viele Kinder hat gezeigt, dass in der zunehmenden Spracharmut, in der manche Kinder aufwachsen, ein nur geringer Wortschatz erworben wird und die Fähigkeit abnimmt, bestimmte Laute zu unterscheiden. Wir brauchen Arbeitsformen, die beides fördern. Dazu benötigen wir ansprechende Arbeitsblätter mit erweitertem Wortschatz, mit denen sich die Kinder einzelne Buchstaben als Laut und als Zeichen aneignen und das Gelernte üben und festigen können.
Dabei sollten parallel zur Lautierung immer wieder die Silben der Wörter geklatscht werden, denn es ist leichter, ein Wort in Silben als in Laute zu zerlegen.

Es ist wichtig, dass wir unseren Umgang mit den Lauten immer wieder überdenken.
Viele Kinder kennen das Alphabet schon, wenn sie zur Schule kommen, d. h. ihnen sind in der Regel die Zeichen und die Namen der Buchstaben geläufig, weniger ihr Lautwert. Im Anfangsunterricht lernen alle Schüler und Schülerinnen die Laute und die dazugehörigen Zeichen, die sie bald zu Wörtern zusammenfügen sollen. Dabei lernen sie auch zu unterscheiden zwischen den Namen der Buchstaben (Be, De, Ge, Ha) und ihren Lauten (/b/, /d/, /g/, /h/).

Um es den Kindern nicht unnötig schwer zu machen, müssen wir darauf achten, die Buchstaben tatsächlich nur mit ihrem eigenen Lautwert zu sprechen. Bei den Mitlauten darf kein anderer Laut mitklingen, man hört nur die ausströmende Luft und einige Laute sind ganz leise, z. B. /b/, /d/, /g/ und /h/. Lässt man einen anderen Laut mitklingen und macht aus /g/ „ge" oder aus /d/ „de", dann sind *Igl* und *Kreid* für die Kinder richtig geschriebene Wörter.
Lassen Sie die Kinder nicht nur hören, sondern auch immer wieder sprechen und dabei spüren, was im Mund und Rachenraum bei einzelnen Lauten passiert. Wo liegt die Zunge? Wo entsteht der Laut? Lassen Sie beim Artikulieren auch einmal die Hand vor den Mund halten, um die austretende Luft zu fühlen. Wird sie gehaucht oder gepustet? Auf die Frage, was man beim R spüren kann, sagte ein Kind: „Bei mir entsteht eine Wirbelsäule im Hals." und zum Pf: „Das sind zwei Lustige, ich glaube, die sind sich nicht einig. Das /p/ will schon knallen und das /f/ lässt die Luft raus." Dieses Kind hat erkannt, dass es sich beim Pf um zwei Laute handelt.

Es gibt aber auch Kinder mit geringem Lautunterscheidungsvermögen: „Frau Senff, ich kann Igel schreiben, aber wenn sie es mir vorsprechen, komme ich ganz durcheinander." Diese Aussage einer Schülerin beim Lückenwort _g_l zeigte mir, dass wir nicht davon ausgehen dürfen, dass alle Kinder das hören, wovon wir glauben, dass sie es hören müssten.
Für einige hört sich, bedingt durch ihre Herkunftssprache, das E von *Esel* wie ein I an oder das O von *Ofen* wie ein U. Spüren Sie einmal nach, wo das E von *Esel* und das I von *Igel* entstehen und wo das E von *Ente* oder gar das E von *Erpel*. Wo entstehen das O von *Ohr* und das U von *Uhr*; wo das O von *Otter* und das O von *Ordner*?
Andere Kinder können stimmhafte und stimmlose Laute nicht oder nur schwer unterscheiden. Für diese Kinder sind die Arbeitsblätter mit Wörtern zu ähnlich klingenden Lauten erst dann einzusetzen, wenn sie die Wörter richtig sprechen können. Dazu müssen die Wörter zu den Abbildungen überdeutlich artikuliert werden. Wenn die Aussprache sichergestellt ist, und die Kinder wissen, welcher Laut zu welchem Wort gehört, können auch sie diese Blätter bearbeiten.

Bedanken möchte ich mich bei Sigrid Eiskirch, Marion Grevé-Spieckermann und Elisabeth Stratmann von der GGS Waldschule in Bochum für ihre Gesprächsbereitschaft und Unterstützung meiner Arbeit sowie bei Sibylle Grünenfelder für die redaktionelle Betreuung.

Ich wünsche allen Lehrerinnen und Lehrern, Schülerinnen und Schülern viel Freude und Erfolg bei der Arbeit mit dieser Mappe.

Doris Senff

Hinweise zum Gebrauch der Blätter

Die Blätter sind nach ihrer Aufgabenstellung geordnet und innerhalb der gleichen Aufgabenstellung in der Regel nach Vokalen und Konsonanten bzw. stimmhaften und stimmlosen Konsonanten. Mit Hilfe des Inhaltsverzeichnisses lässt sich das Blatt, das man zur Vertiefung des jeweiligen Unterrichtsinhalts braucht, schnell finden.

Vor dem Bearbeiten der Blätter ist neben der Besprechung der Arbeitsaufträge die Begriffsklärung wichtig: Ist z. B. auf Seite 1 der *Vogel* oder der *Adler*, sind *Blätter* oder *Efeu* gemeint? Lassen Sie dabei immer alle Bilder benennen und achten Sie auch auf eine korrekte und deutliche Aussprache.

Bei der Arbeit im Klassenverband empfiehlt es sich, mit dem Hellraumprojektor zu arbeiten. Ein Blatt wird dazu auf Folie kopiert und mit der Klasse besprochen. Nachdem das erste Beispiel auf der Folie ausgefüllt wurde, bearbeitet jedes Kind selbstständig sein Blatt. Danach werden die Ergebnisse besprochen, die Folie wird ausgefüllt und dient nun zur Kontrolle.
Für die individuelle Arbeit kann aber auch vor dem Kopieren die erste Aufgabe auf dem Blatt als Beispiel ausgefüllt werden, damit die Kinder, die noch nicht lesen können, den Arbeitsauftrag erkennen.
Die Blätter eignen sich auch zur Arbeit im Stationenbetrieb oder Werkstattunterricht, wo die Kinder den Schwierigkeitsgrad und das Arbeitstempo selbst bestimmen können.

Seiten 1–8: Die Bilder werden mit den Anlauten verbunden. Als Differenzierung können die Anlaute oder die Wörter zu den Bildern geschrieben werden.

Seiten 9–11: Die Bildchen werden ausgeschnitten, geordnet und neben die Anlaute geklebt.

Seiten 12–20: Die Laute werden in die entsprechenden Kästchen geschrieben, je nachdem, ob sie als An-, In- oder Auslaut zu hören sind. Hier können die Kinder schon lernen, dass nur Anlaute groß geschrieben werden.

Seiten 21–26: Die Bilder zu den entsprechenden Anlauten werden ausgemalt. Der Laut wird als Zeichen sichtbar. Um dies zu verstärken, kann man zudem die Hintergründe der Bilder ausmalen lassen. Zusätzlich können die Anlaute der übrigen Wörter zu den Bildern geschrieben werden.

Seiten 27–30: Zunächst werden die Anlaute eingesetzt. Nachdem sie kontrolliert und gegebenenfalls verbessert wurden, schreiben die Kinder die Wörter. Hier wird deutlich, dass alle Wörter mit Großbuchstaben beginnen und einen Artikel haben. So wird allmählich die Rechtschreibung angebahnt.

Seiten 31–43: Die Aufgaben entsprechen denen auf den *Seiten 27–30* mit dem Unterschied, dass hier auch In- und Auslaute eingesetzt werden.

Seiten 44–47: Hier finden sich Übungen, in denen drei Laute jeweils als An-, In- oder Auslaut vorkommen und eingesetzt werden sollen.

Ab Seite 28 gibt es immer wieder Zusatzaufgaben auf den Blättern, mit denen auch die Rechtschreibung geübt wird. Hier arbeiten die Kinder nach ihren Fähigkeiten: Sie versuchen, die Wörter richtig abzuschreiben; sie decken ein Wort zu, schreiben es auswendig und kontrollieren; sie falten das Blatt oberhalb der Zusatzaufgabe nach hinten, lösen die Aufgabe oder einen Teil davon und kontrollieren dann.

Seiten 48–49: Die Anlaute werden unter die Bilder auf die Linien geschrieben, das sich ergebende Wort ins Kästchen daneben. Die Kinder lesen das Wort und kleben oder malen das entsprechende Bild dazu.

Seiten 50–55: Hier geht es um Lesen und Verstehen. Auf *Seite 50* finden sich Wörter mit unterschiedlichen Anlauten; auf *Seite 51* unterscheiden sich die Wörter in ihren Inlauten. Das richtige Wort wird angekreuzt. Auf *Seite 52* werden außerdem die richtigen Wörter geschrieben, auf *Seite 53* die anderen beiden jeweils neben die entsprechenden Bilder. Die *Seiten 54 und 55* enthalten einfache Rätselaufgaben.

Seiten 56–58: Die Wörter für die drei Kreuzworträtsel sind vorgegeben. Je nach den Fähigkeiten der Kinder kann man sie vor dem Kopieren abdecken oder vor dem Bearbeiten als spätere Lösungskontrolle nach hinten falten lassen. Sie können den Kindern auch als Hilfe dienen, die Wörter richtig zu schreiben.

Inhaltsverzeichnis

Titel	Das wird geübt	Seite
Was hörst du am Anfang? Verbinde Bilder und Buchstaben.	A, E, I, O, U; lange Vokale	1
	A, E, I, O, U; kurze Vokale	2
	A, E, I, O, U; kurze und lange Vokale	3
	F, K, P, T, Z	4
	B, D, G, H, W	5
	L, M, N, R, S	6
	Ch, Qu, Sch, Sp, St	7
	Ä, Ö, Ü, Ei, Eu	8
Was hörst du am Anfang? Klebe die Bilder in das richtige Feld.	A, E, I, O, U	9
	B, P, G, K	10
	D, T, F, W	11
Wo hörst du A?	Schreibe A oder a.	12
Wo hörst du E?	Schreibe E oder e.	13
Wo hörst du I?	Schreibe I oder i.	14
Wo hörst du O?	Schreibe O oder o.	15
Wo hörst du U?	Schreibe U oder u.	16
Wo hörst du S?	Schreibe S oder s.	17
Wo hörst du Sch?	Schreibe Sch oder sch. Male an.	18
Wo hörst du L?	Schreibe L oder l. Male an.	19
Wo hörst du R?	Schreibe R oder r. Male an.	20
Wo hörst du E am Anfang?	Male die Bilder aus. Fahre den Buchstaben nach.	21
Wo hörst du F am Anfang?	Male die Bilder aus. Fahre den Buchstaben nach.	22
Wo hörst du H am Anfang?	Male die Bilder aus. Fahre den Buchstaben nach.	23
Wo hörst du I am Anfang?	Male die Bilder aus. Fahre den Buchstaben nach.	24
Wo hörst du L am Anfang?	Male die Bilder aus. Fahre den Buchstaben nach.	25
Wo hörst du T am Anfang?	Male die Bilder aus. Fahre den Buchstaben nach.	26
Was hörst du am Anfang?	Setze B oder P ein. Löse das Rätsel.	27
	Setze D oder T ein. Ordne die Wörter.	28
	Setze F oder W ein. Ordne die Wörter.	29
	Setze G oder K ein. Schreibe die Wörter.	30
	Setze S oder Z ein. Ordne die Wörter.	31
	Setze M oder N ein. Ordne die Wörter.	32
Was hörst du?	Setze A oder a, E oder e ein. Löse das Rätsel.	33
	Setze E oder e, I oder i ein. Löse das Rätsel.	34
	Setze E oder e, O oder o ein. Löse das Rätsel.	35
	Setze E oder e, U oder u ein. Ordne die Wörter.	36
	Setze O oder o, U oder u ein. Lies und male.	37
	Setze B oder b, P oder p ein. Löse das Rätsel.	38
	Setze D oder d, T oder t ein. Schreibe die Wörter.	39
	Setze F oder f, W oder w ein. Ordne die Wörter.	40
	Setze G oder g, K oder k ein. Löse das Rätsel.	41
	Setze S oder s, Z oder z ein. Lies und male.	42
	Setze M oder m, N oder n ein. Löse das Rätsel.	43
Was hörst du?	Setze ein: Aaa, Eee, Ooo. Ordne die Wörter.	44
	Setze ein: äää, better, üüü. Ordne die Wörter.	45
	Setze ein: Fff, Lll, Mmm. Ordne die Wörter.	46
	Setze ein: Nnn, Rrr, Sss. Ordne die Wörter.	47
Die Anlaute ergeben ein Wort.	Schreibe das Wort und klebe das passende Bild dazu.	48
	Schreibe das Wort und klebe das passende Bild dazu.	49
Lesen und verstehen Kreuze das passende Wort an.	Verschiedene Anlaute.	50
	Verschiedene Inlaute.	51
	Verschiedene An- und Inlaute. Schreibe das Wort zum Bild.	52
	Verschiedene An- und Inlaute. Schreibe das Wort zum Bild.	53
	Ähnliche Wörter. Male an.	54
	Ähnliche Wörter. Male an.	55
Kreuzworträtsel	Thema: Schule. Mit Lösungswörtern.	56
	Thema: Dinge. Mit Lösungswörtern als Wörterschlange.	57
	Thema: Tiere. Mit Lösungswörtern als Wörterschlange.	58

Was hörst du am Anfang?

Verbinde Bilder und Buchstaben.

Was hörst du am Anfang? 2

Verbinde Bilder und Buchstaben.

Was hörst du am Anfang? 3

Verbinde Bilder und Buchstaben.

Was hörst du am Anfang? 4

Verbinde Bilder und Buchstaben.

Was hörst du am Anfang? 5

Verbinde Bilder und Buchstaben.

Was hörst du am Anfang? 6

Verbinde Bilder und Buchstaben.

Was hörst du am Anfang? 7

Verbinde Bilder und Buchstaben.

Was hörst du am Anfang? 8

Verbinde Bilder und Buchstaben.

Was hörst du am Anfang? 9

Klebe die Bilder in die richtige Reihe.

Was hörst du am Anfang? 10

Klebe die Bilder in das richtige Feld. Male weitere Bilder dazu.

B	P
G	K

✂

Was hörst du am Anfang? 11

Klebe die Bilder in das richtige Feld. Male weitere Bilder dazu.

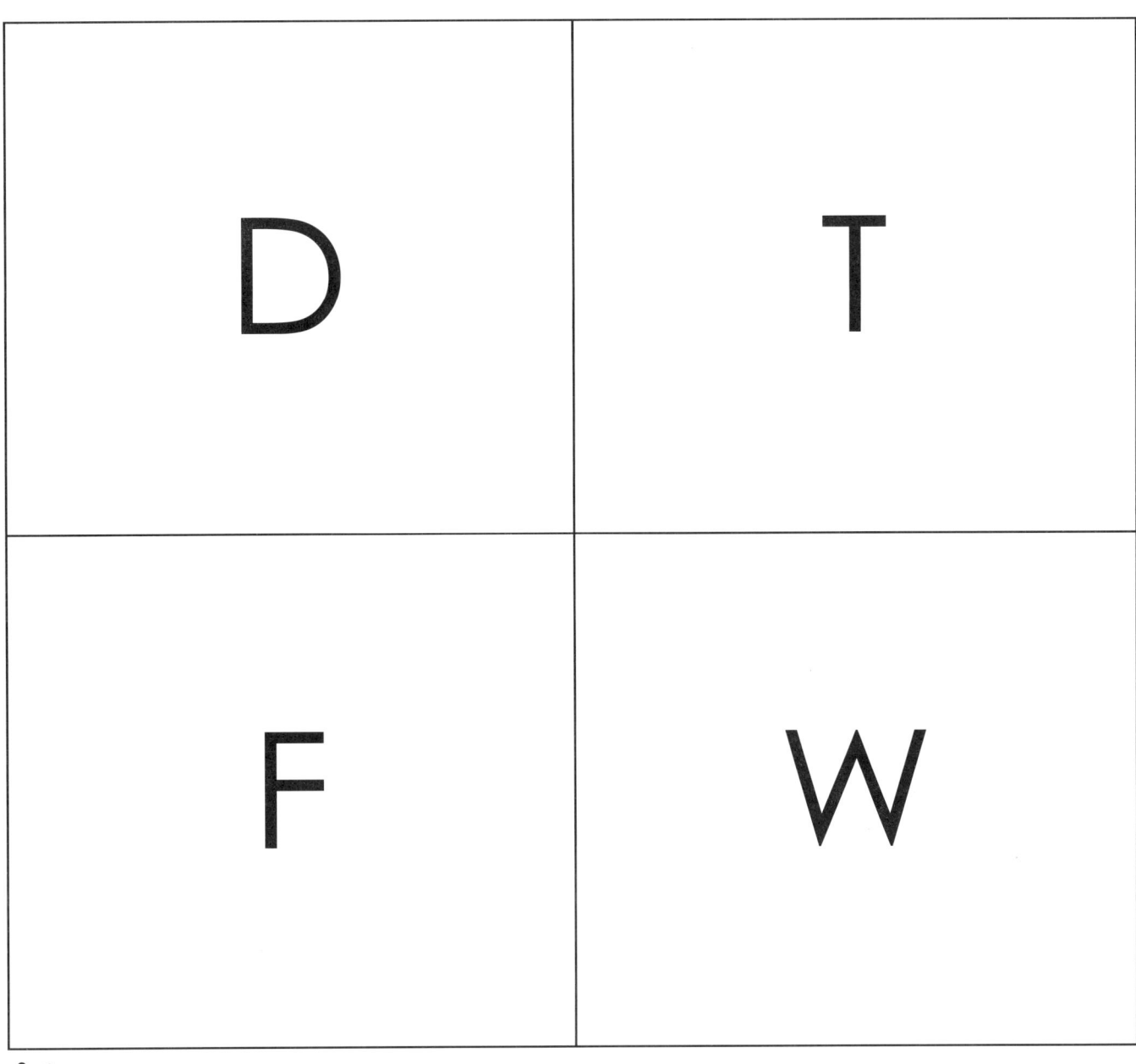

Wo hörst du **A**? 12

Schreibe **A** oder **a**.

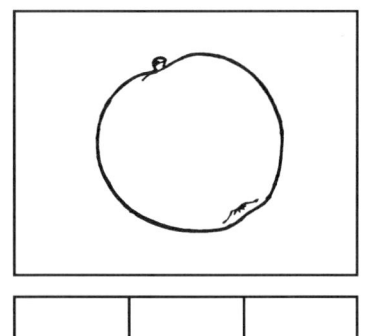  

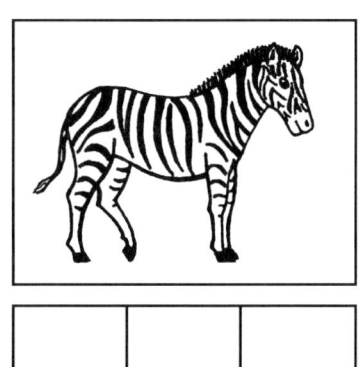 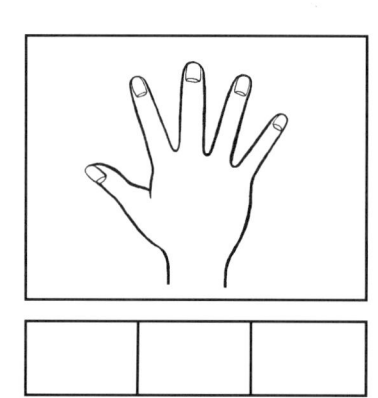 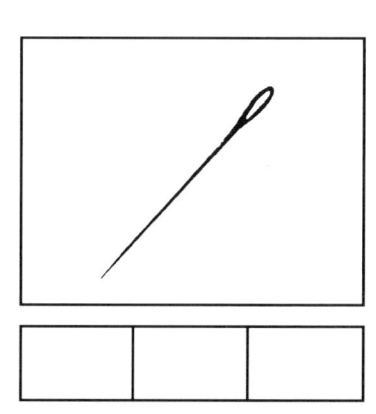

  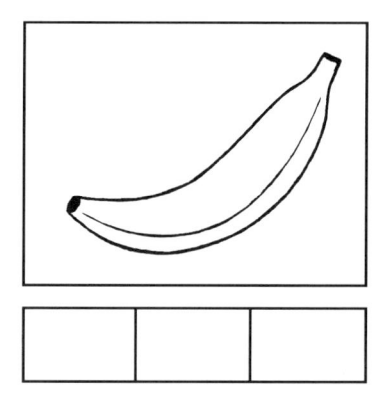

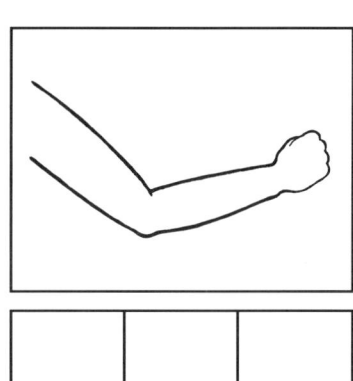 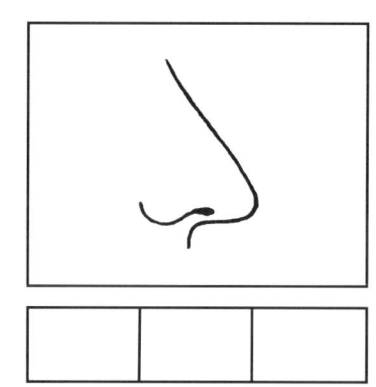 

Wo hörst du E? 13

Schreibe **E** oder **e**.

 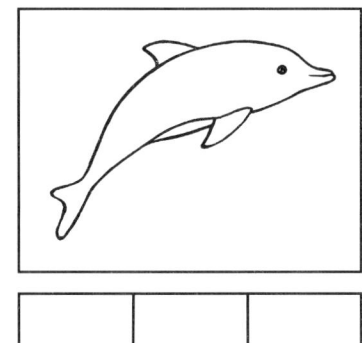 

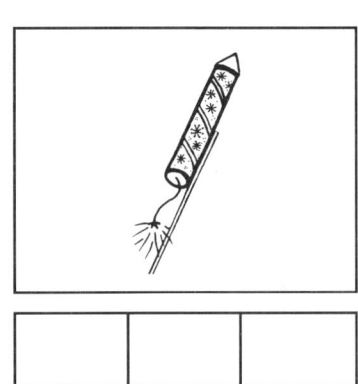  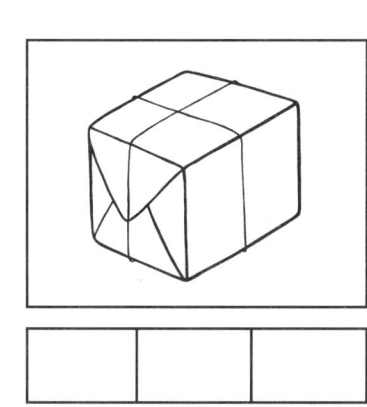

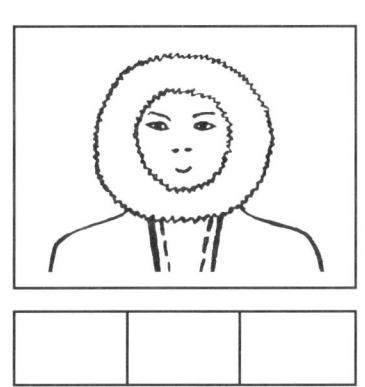  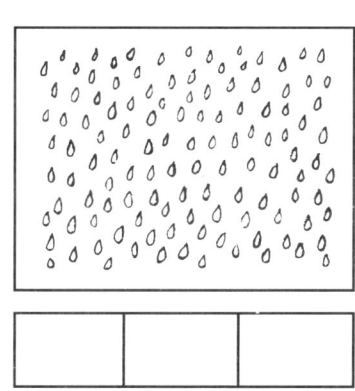

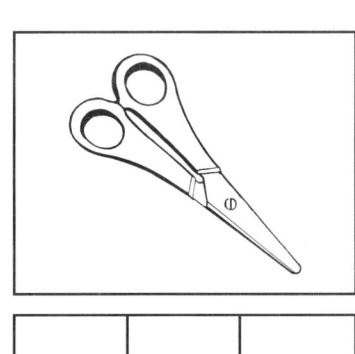  

Wo hörst du I? 14

Schreibe I oder i.

Wo hörst du O? 15

Schreibe O oder o.

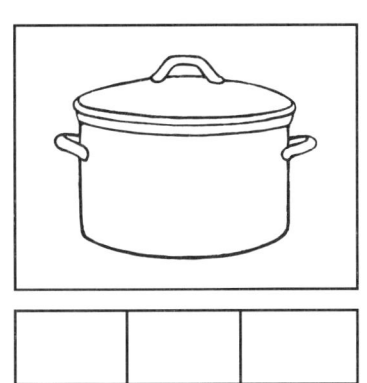 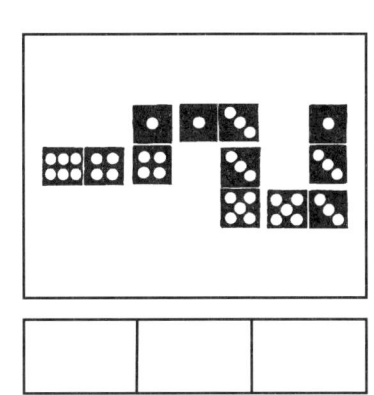 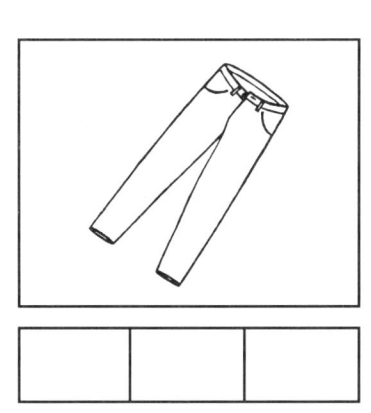

 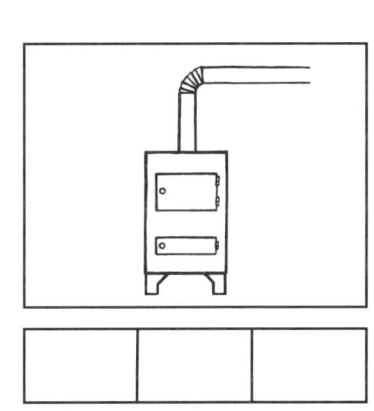 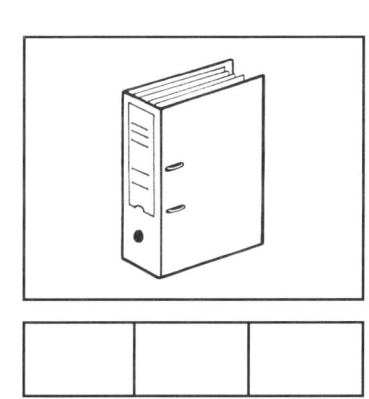

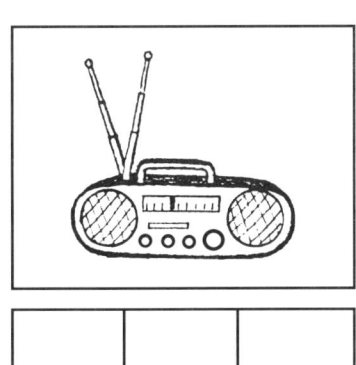  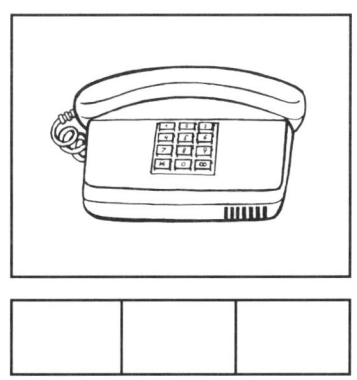

Wo hörst du **U**? 16

Schreibe **U** oder **u**.

Wo hörst du S?   17

Schreibe **S** oder **s**.

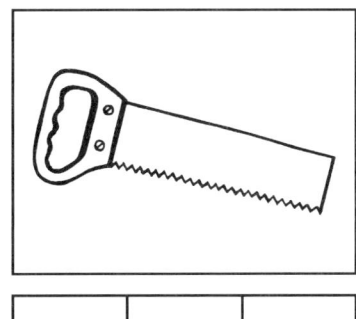

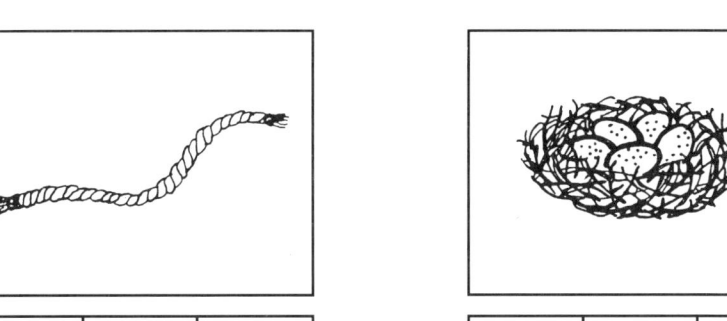
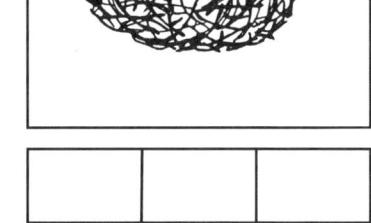

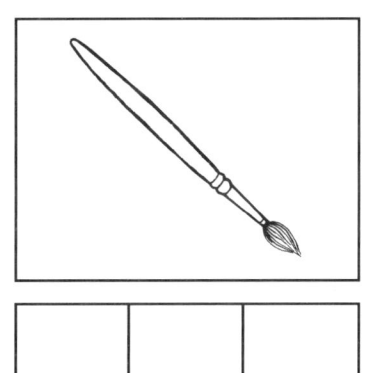
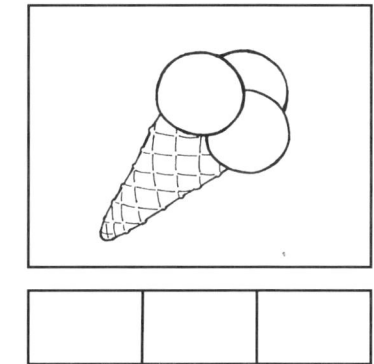

Wo hörst du Sch? 18

Schreibe **Sch** oder **sch**.

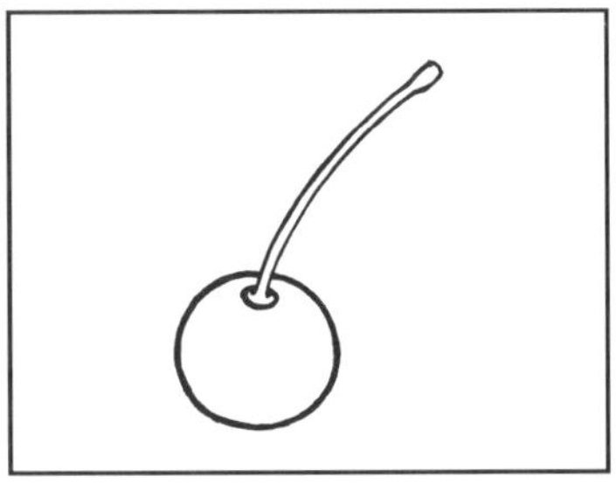

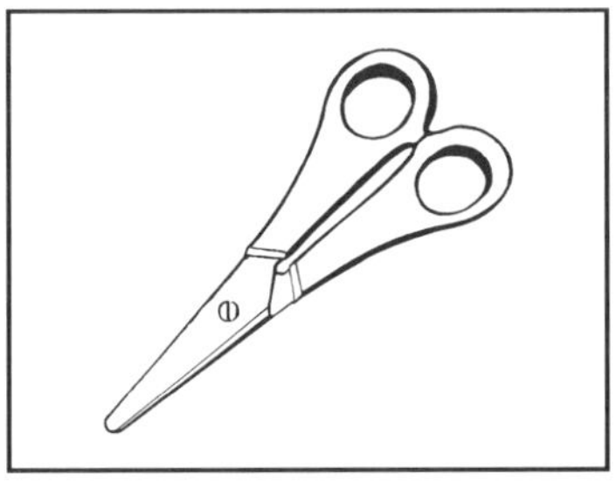

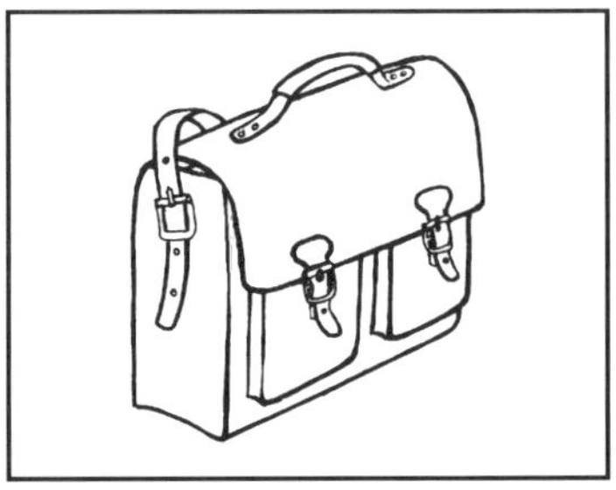

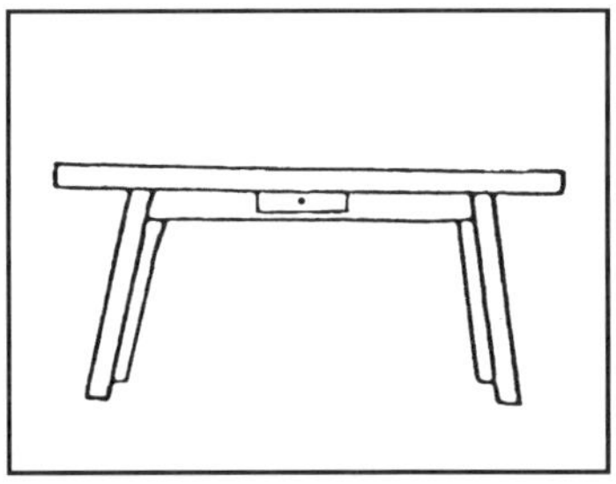

Wo hörst du **Sch** am Anfang? Male die Bilder an.

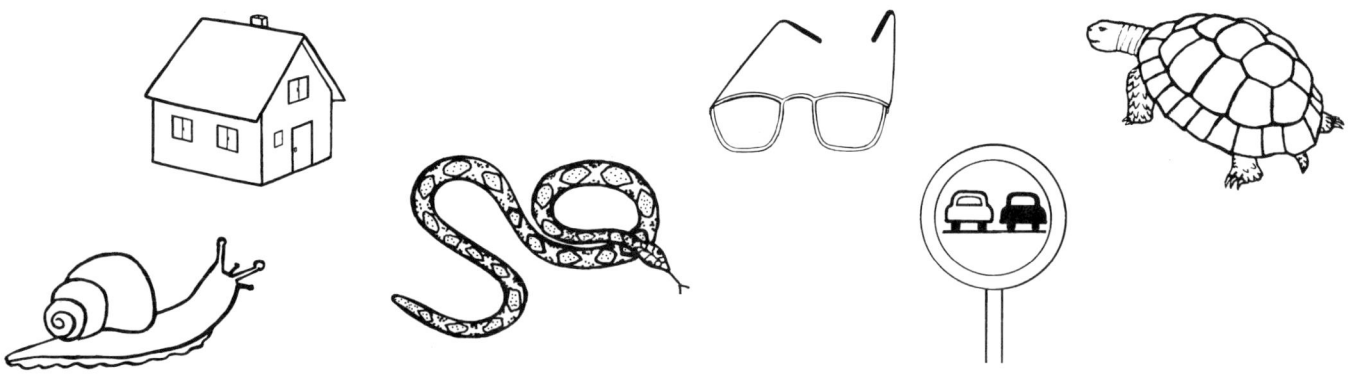

Wo hörst du L? 19

Schreibe **L** oder **l**.

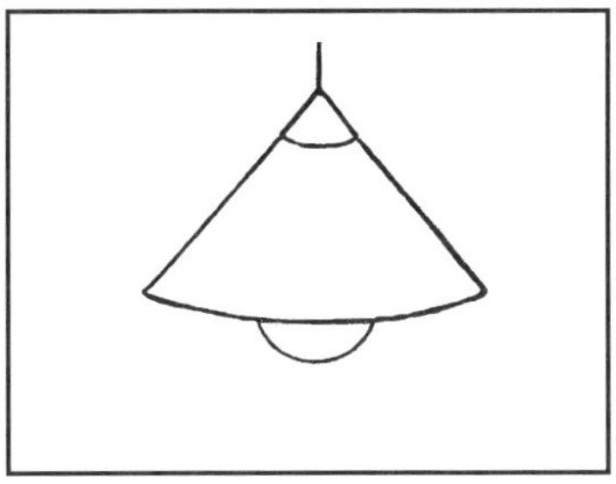

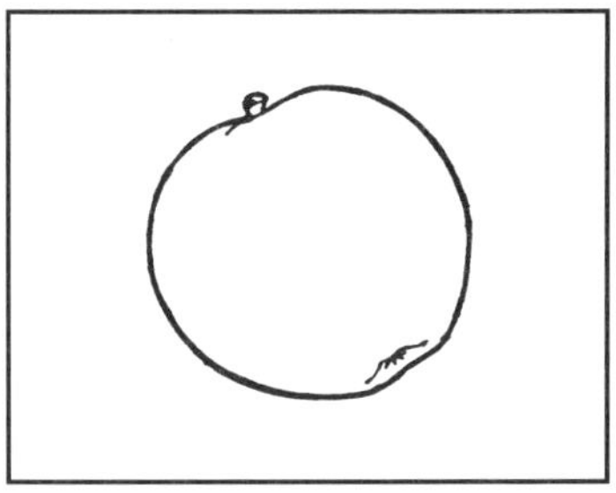

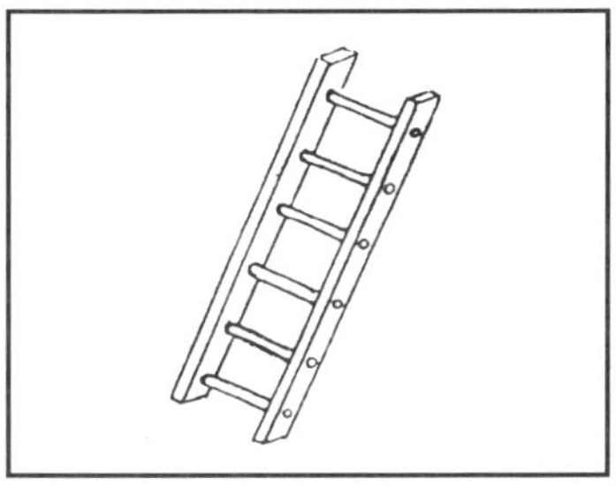

Wo hörst du **L** am Anfang? Male die Bilder an.

Wo hörst du R? 20

Schreibe **R** oder **r**.

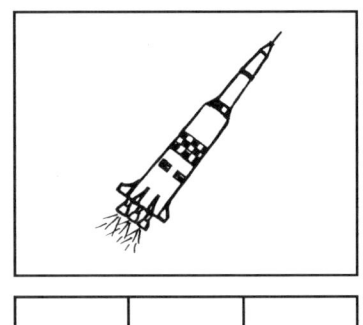  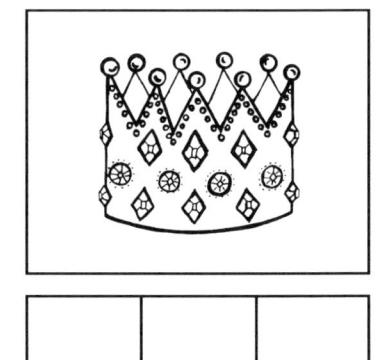

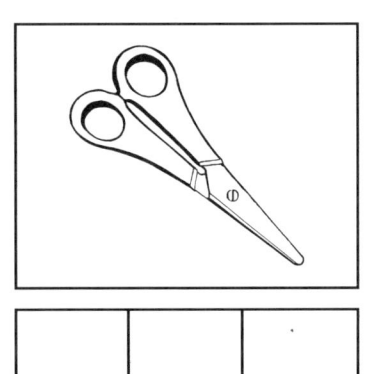 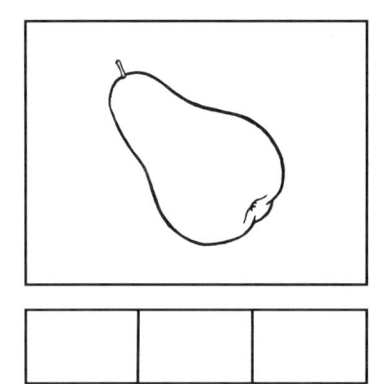 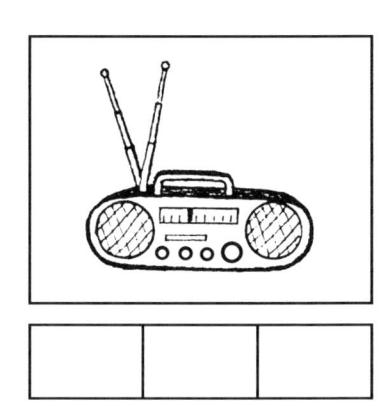

 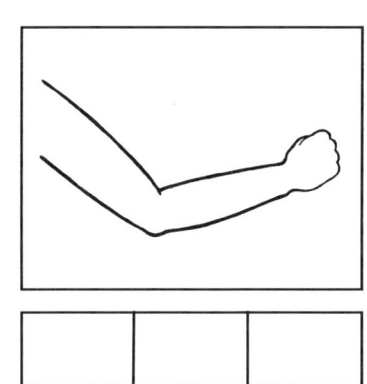 

Wo hörst du **R** am Anfang? Male die Bilder an.

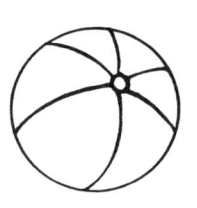   

  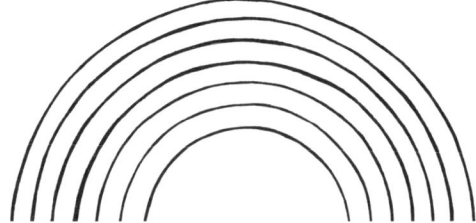

Wo hörst du E am Anfang? 21

Male die Bilder aus.

Fahre alle **E** nach.

↓EFEHEFELEFHF
EFEFLEFEHEHE

Wo hörst du **F** am Anfang? 22

Male die Bilder aus.

Fahre alle **F** nach.

F E F T E F E L E F T F

T F E F L E F E T E F E

Wo hörst du **H** am Anfang? 23

Male die Bilder aus.

Fahre alle **H** nach.

↓HEHLHFHFEHLH
HFEHFETEHTHF

Wo hörst du I am Anfang? 24

Male die Bilder aus.

Fahre alle I nach.

↓I H L T E T F I T L I E L

F E I T I H L I T F I T I I

I T I F I E L H L I T E I T

Wo hörst du **L** am Anfang? 25

Male die Bilder aus.

Fahre alle **L** nach.

↓LELILTFLFELFL

TLEILFEIFELFLI

Wo hörst du **T** am Anfang? 26

Male die Bilder aus.

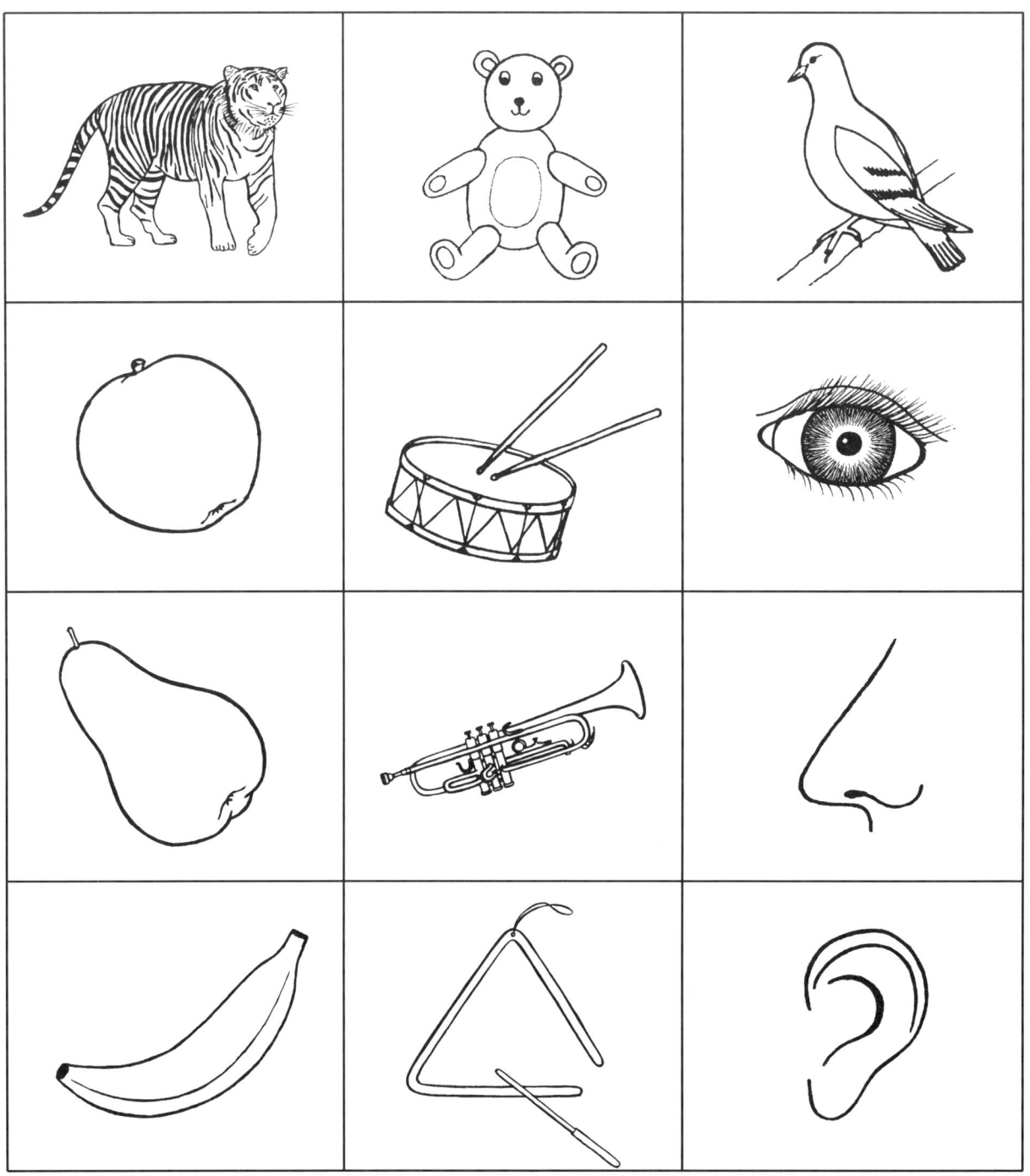

Fahre alle **T** nach.

Was hörst du am Anfang? 27

Setze **B** oder **P** ein. Schreibe die Wörter auf die Linie.

__är   der _____

__ilz   der _____

__rot   das _____

__alme   die _____

__irne   die _____

__inguin   der _____

__anane   die _____

__aket   das _____

__insel   der _____

__uch   das _____

Was kannst du essen?

Was hörst du am Anfang? 28

Setze **D** oder **T** ein.

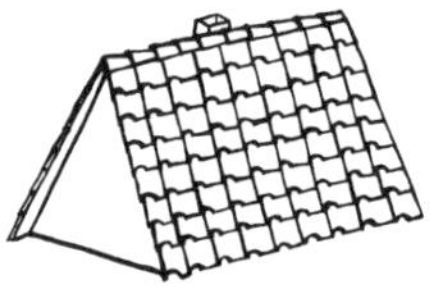

__ach

__asche

__opf

__asse

__achs

__elfin

__omino

__ackel

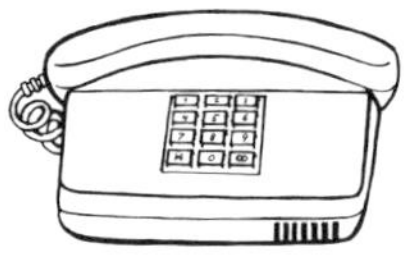

__elefon

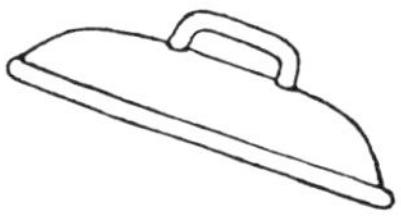

__eckel

__or

__iger

Ordne die Wörter.

D	T

Was hörst du am Anfang? 29

Setze **F** oder **W** ein.

__al __elle

__olke __lasche

__enster __ald

__eder __rosch

__isch __uchs

__ellensittich __urzel

Ordne die Wörter.

F	W

Was hörst du am Anfang? 30

Setze **G** oder **K** ein. Schreibe die Wörter auf die Linie.

__itarre   die _____

__iraffe   die _____

__opf   der _____

__nopf   der _____

__espenst   das _____

__ans   die _____

__ranz   der _____

__abel   die _____

__iste   die _____

__reide   die _____

__ewicht   das _____

__leid   das _____

Was hörst du am Anfang?　31

Setze **S** oder **Z** ein.

__onne　　__elt

__and　　__andale

__ack　　__itrone

__eil　　__ebra

__ange　　__äge

__iege　　__aun

Ordne die Wörter.

S	Z

Was hörst du am Anfang? 32

Setze **M** oder **N** ein. Schreibe die Wörter auf die Linie.

__aske   die _____

__ote   die _____

__ais   der _____

__etz   das _____

__agel   der _____

__ixer   der _____

__est   das _____

__aus   die _____

__ilpferd   das _____

Ordne die Wörter.

der	die	das

Was hörst du? 33

Setze A oder a, E oder e ein.

__ms__l   die _____

Bl__tt   das _____

__pf__l   der _____

L__mp__   die _____

__ff__   der _____

B__ll   der _____

__l__f__nt   der _____

__mp__l   die _____

__nt__   die _____

Schreibe die Tiernamen in die Tabelle.

der	die

Was hörst du? 34

Setze **E** oder **e**, **I** oder **i** ein.

 __ns__l   die _____

 P__ngu__n   der _____

 F__sch   der _____

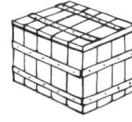 __nt__   die _____

 K__st__   die _____

 __nd__an__r   der _____

 T__p__   das _____

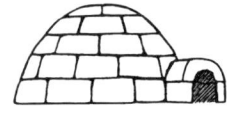 __sk__mo   der _____

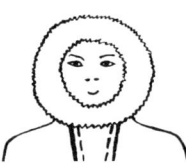 __glu   der oder das _____

Setze **I** oder **i** ein.

 Der Esk_mo wohnt _m _glu.

 Der _nd_aner wohnt _m T_p_.

Was hörst du? 35

Setze **E** oder **e**, **O** oder **o** ein.

 W__lk__   die _____

 S__nn__   die _____

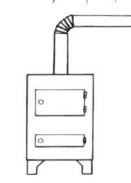 __f__n   der _____

 V__g__l   der _____

 T__l__f__n   das _____

 Tr__mm__l   die _____

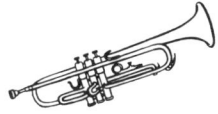 Tr__mp__t__   die _____

 __rdn__r   der _____

Schreibe die Wörter.

Du brauchst: **D H R**   **o o o**   **s s s**   **e e e**

   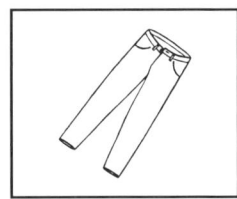   

_____   _____   _____

Was hörst du? 36

Setze **E** oder **e**, **U** oder **u** ein.

 J_ng_   der _____

 Z_ng_   die _____

 Bl_m_   die _____

 _h_   der _____

 F_d_r   die _____

 T_b_   die _____

 P_pp_   die _____

 M_sch_l   die _____

_s_l   der _____

Ordne die Wörter.

der	die	die

Was hörst du? 37

Setze O oder o, U oder u ein.

 __hr   das _____

 M__nd   der _____

 __f__   das _____

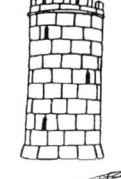 T__rm   der _____

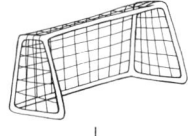 T__r   das _____

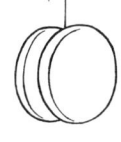 J__-J__   das _____

 M__nd   der _____

 __h__   der _____

 __hr   die _____

Lies die Wörter und male die Bilder.

Ohr    Mond

Uhr    Mund

Was hörst du? 38

Setze **B** oder **b**, **P** oder **p** ein. Schreibe die Wörter auf die Linien.

__aum   der _____

A__fel   der _____

__a__rika   die _____

__a__agei   der _____

Tu__e   die _____

Tau__e   die _____

Trau__e   die _____

Rau__e   die _____

Schreibe die Wörter.

Du brauchst: **A a a   e e e   L l l   m m m   P p p**

   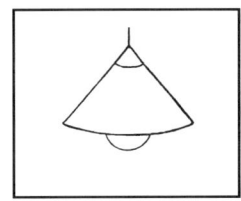   

_____   _____   _____

Was hörst du? 39

Setze **D** oder **d**, **T** oder **t** ein. Schreibe die Wörter auf die Linien.

En__e   die _____

Fe__er   die _____

Fa__en   der _____

Na__el   die _____

__afel   die _____

Flö__e   die _____

Han__y   das _____

__achs   der _____

Pake__   das _____

__rome__ar   das _____

__rompe__e   die _____

__alma__iner der _____

Was hörst du? 40

Setze **F** oder **f**, **W** oder **w** ein. Schreibe die Wörter auf die Linien.

Scha__   das _____

__ür__el   der _____

Lö__e   der _____

Mö__e   die _____

__ahrrad   das _____

Maul__ur__   der _____

U__o   das _____

Ge__icht   das _____

Ordne die Wörter.

Dinge	Tiere

Was hörst du?

Setze G oder g, K oder k ein. Schreibe die Wörter auf die Linien.

__opf   der _____

__ur__e   die _____

__ans   die _____

__än__uru   das _____

__a__tus   der _____

__ei__e   die _____

__a__adu   der _____

__aja__   der _____

__ro__odil   das _____

Schreibe die vier Wörter, die K und k haben.

Was hörst du? 42

Setze S oder s, Z oder z ein. Schreibe die Wörter auf die Linien.

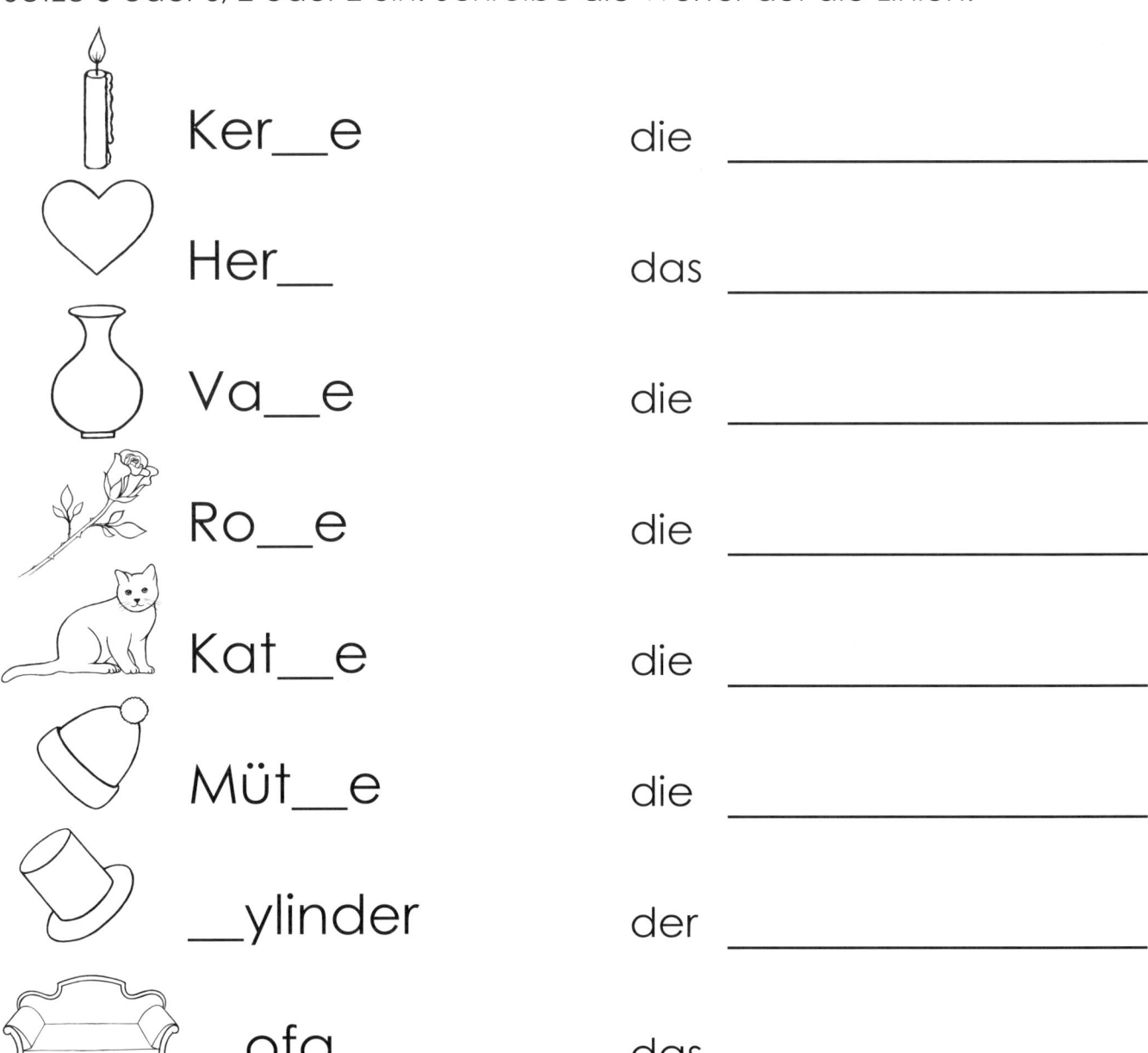

Ker__e	die	_____
Her__	das	_____
Va__e	die	_____
Ro__e	die	_____
Kat__e	die	_____
Müt__e	die	_____
__ylinder	der	_____
__ofa	das	_____

Lies die Wörter und male die Bilder.

Rose   Kerze   Katze

Vase   Herz   Mütze

Was hörst du? 43

Setze **M** oder **m**, **N** oder **n** ein. Schreibe die Wörter auf die Linien.

__a__tel   der _____

A__pel   die _____

Schir__   der _____

Hor__   das _____

__elo__e   die _____

__ase   die _____

__u__d   der _____

__o__d   der _____

__ashor__   das _____

Schreibe die Wörter.

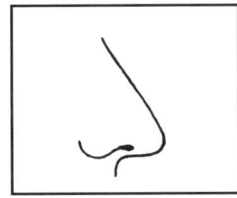   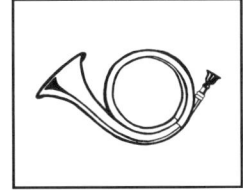   

_____ und _____ → _____

Was hörst du?   44

Setze ein: **A a a   E e e   O o o**.

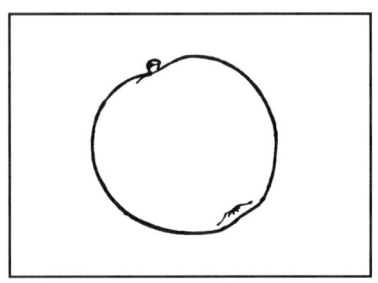 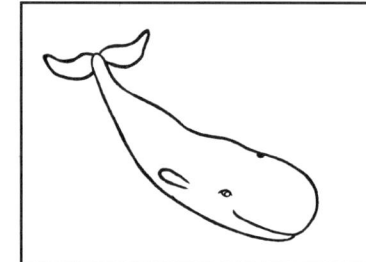 

__pfel   W__l   Paprik__

  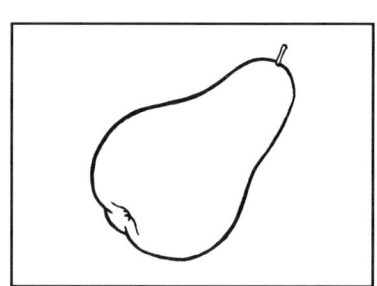

__rdbeere   Zwieb__l   Birn__

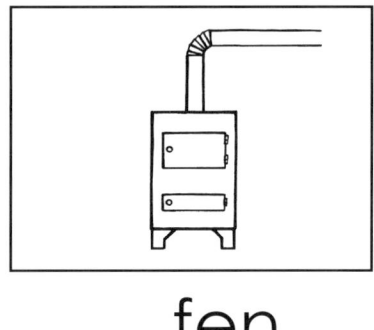  

__fen   T__mate   Flaming__

Ordne die Wörter.

Obst	Gemüse	Tiere

Was bleibt übrig? _____

Was hörst du? 45

Setze ein: ä ä ä   ö ö ö   ü ü ü.

  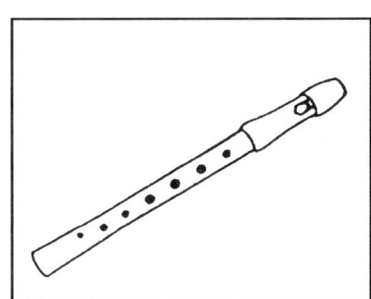

M__we   B__rste   Fl__te

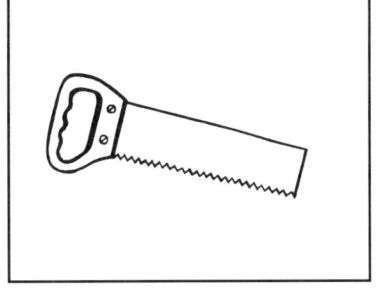  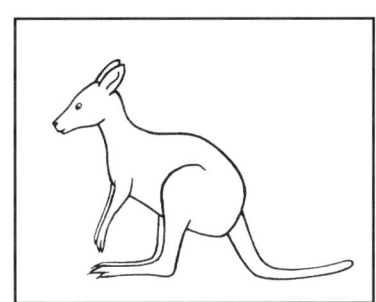

S__ge   W__rfel   K__nguru

  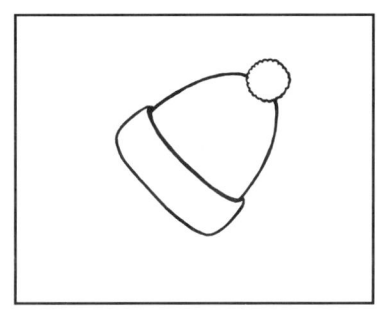

B__r   L__we   M__tze

Ordne die Wörter.

ä	ö	ü

Was hörst du? 46

Setze ein: **F f f   L l l   M m m**.

 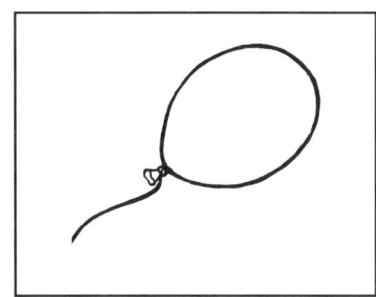 

__uschel Lu__tballon Leuchttur__

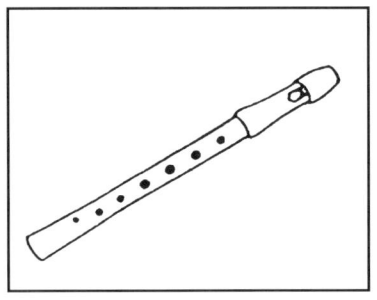 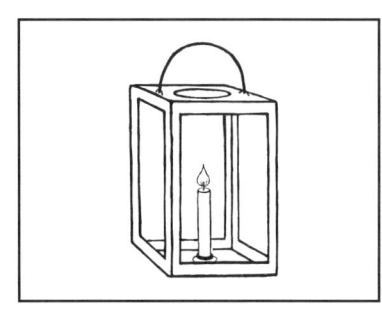 

F__öte __aterne Mante__

  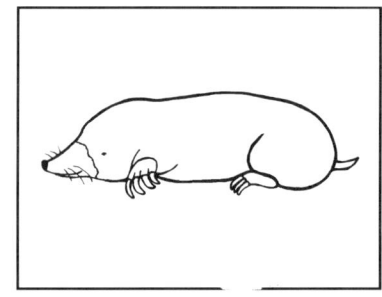

__eder Fleder__aus Maulwur__

Ordne die Wörter.

F___	L___	M___

Was hörst du? 47

Setze ein: **N n n   R r r   S s s**.

__ilpferd   Zyli__der   Dach__

  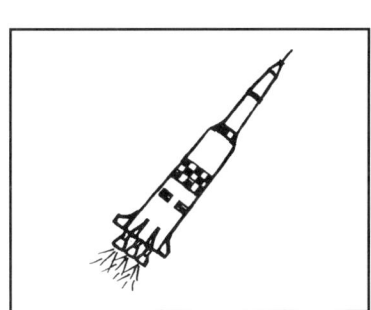

Mädche__   Oste__ei   __akete

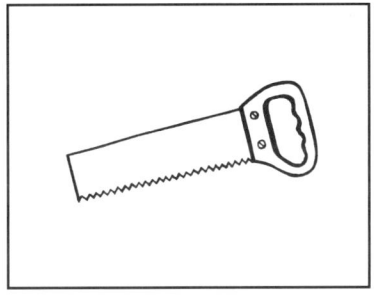 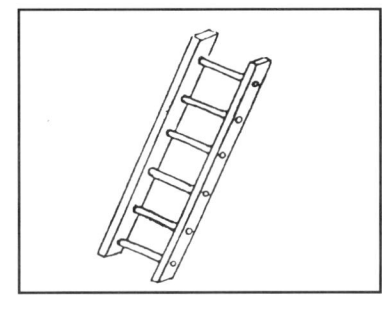 

__äge   Leite__   Be__en

Ordne die Wörter.

der	die	das

Die Anlaute ergeben ein Wort. 48

Schreibe das Wort ins Kästchen und klebe das passende Bild dazu.

___ ___ ___ ___

   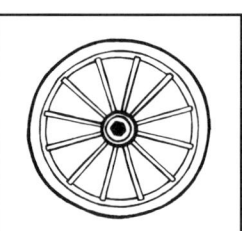 

___ ___ ___ ___

 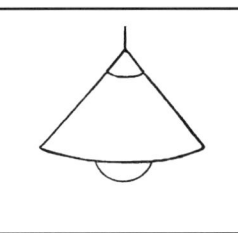   

___ ___ ___ ___

✂

 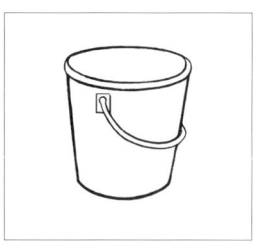 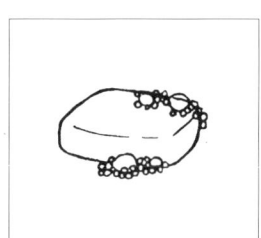

Die Anlaute ergeben ein Wort. 49

Schreibe das Wort ins Kästchen und klebe das passende Bild dazu.

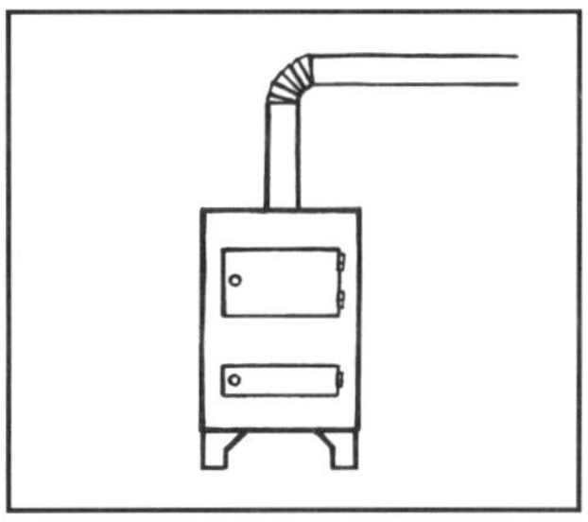

___ ___ ___

___ ___ ___

___ ___ ___

✂

Lesen und verstehen 50

Kreuze das passende Wort an.

 Sonne ☐
Tonne ☐

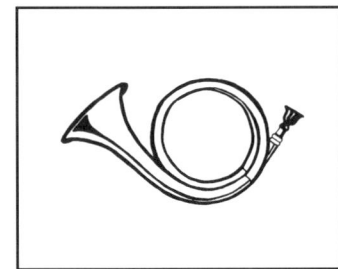 Korn ☐
Horn ☐

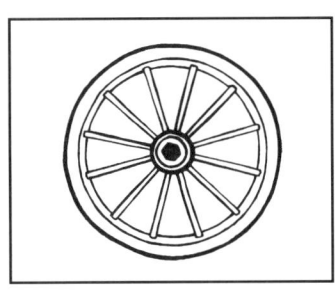 Bad ☐
Rad ☐

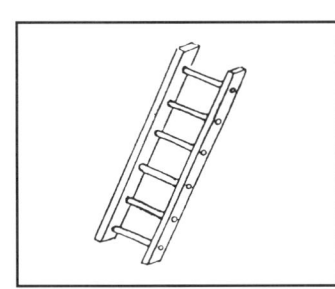 Leiter ☐
Reiter ☐

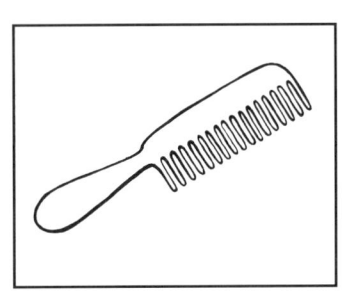 Kamm ☐
Lamm ☐

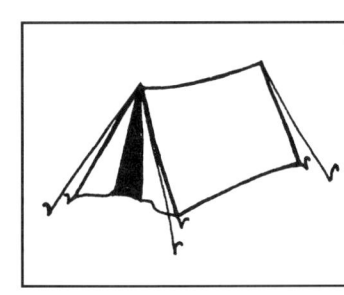 Welt ☐
Zelt ☐

 Wiege ☐
Ziege ☐

 Puppe ☐
Suppe ☐

 Feder ☐
Leder ☐

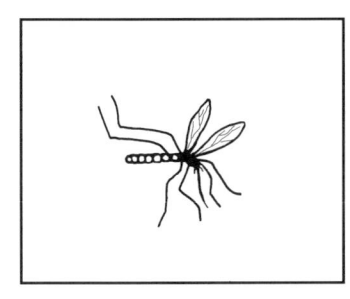 Lücke ☐
Mücke ☐

Lesen und verstehen 51

Kreuze das passende Wort an.

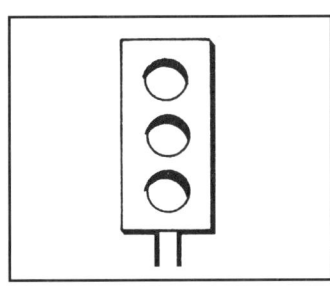 Ampel ☐
Amsel ☐

 Mond ☐
Mund ☐

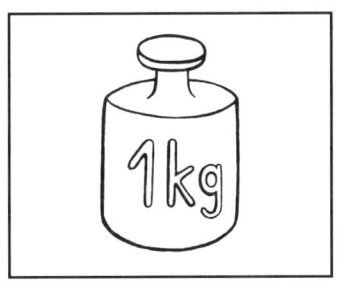 Gesicht ☐
Gewicht ☐

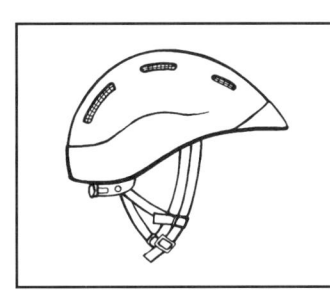 Halm ☐
Helm ☐

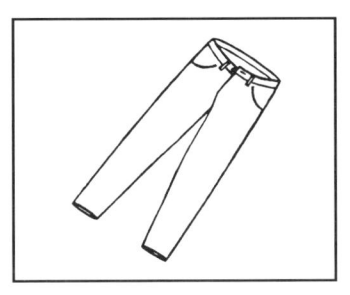 Hase ☐
Hose ☐

 Pelz ☐
Pilz ☐

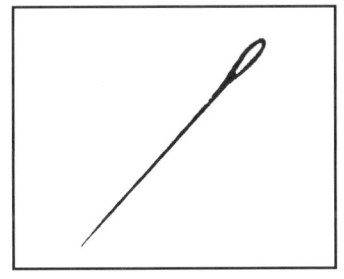 Nadel ☐
Nagel ☐

 Bach ☐
Buch ☐

 Schwan ☐
Schwein ☐

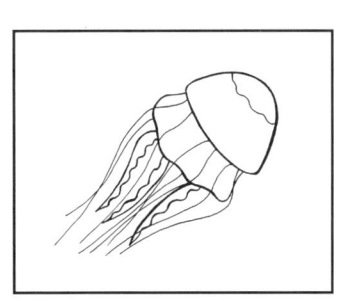 Qualle ☐
Quelle ☐

Lesen und verstehen

Kreuze das passende Wort an.

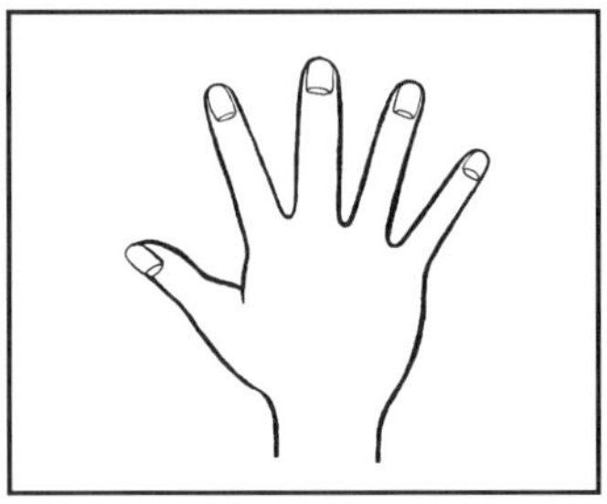

Hand ☐
Wand ☐
Land ☐

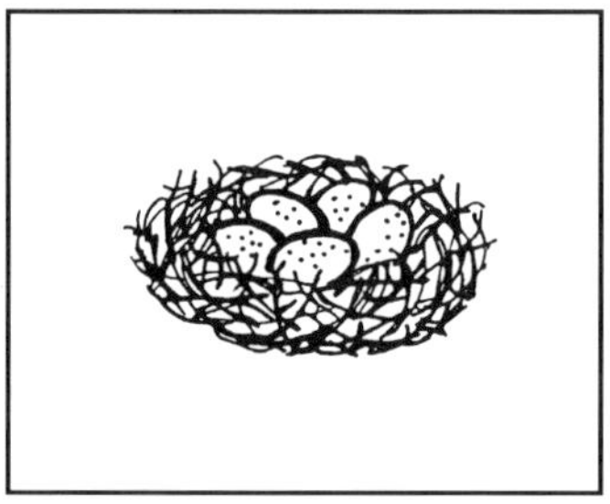

Fest ☐
Nest ☐
Rest ☐

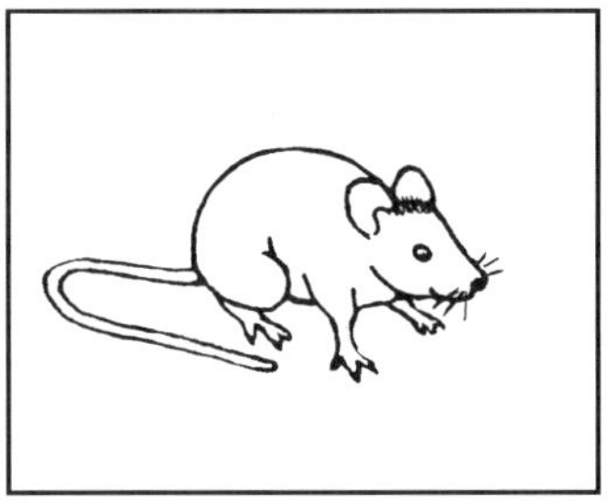

Haus ☐
Laus ☐
Maus ☐

Deckel ☐
Dackel ☐
Fackel ☐

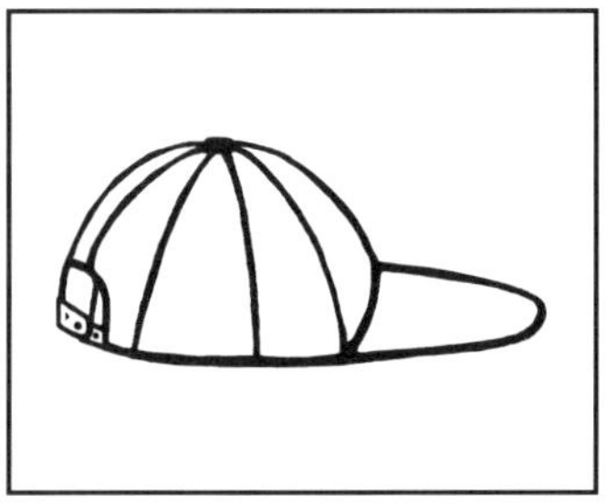

Puppe ☐
Pappe ☐
Kappe ☐

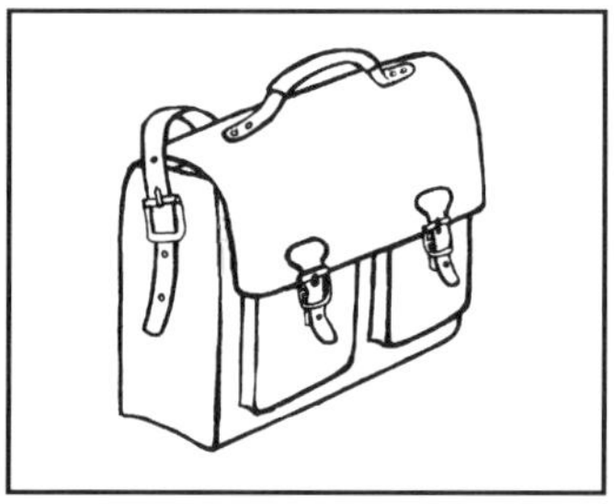

Tasche ☐
Lasche ☐
Flasche ☐

Schreibe das passende Wort.

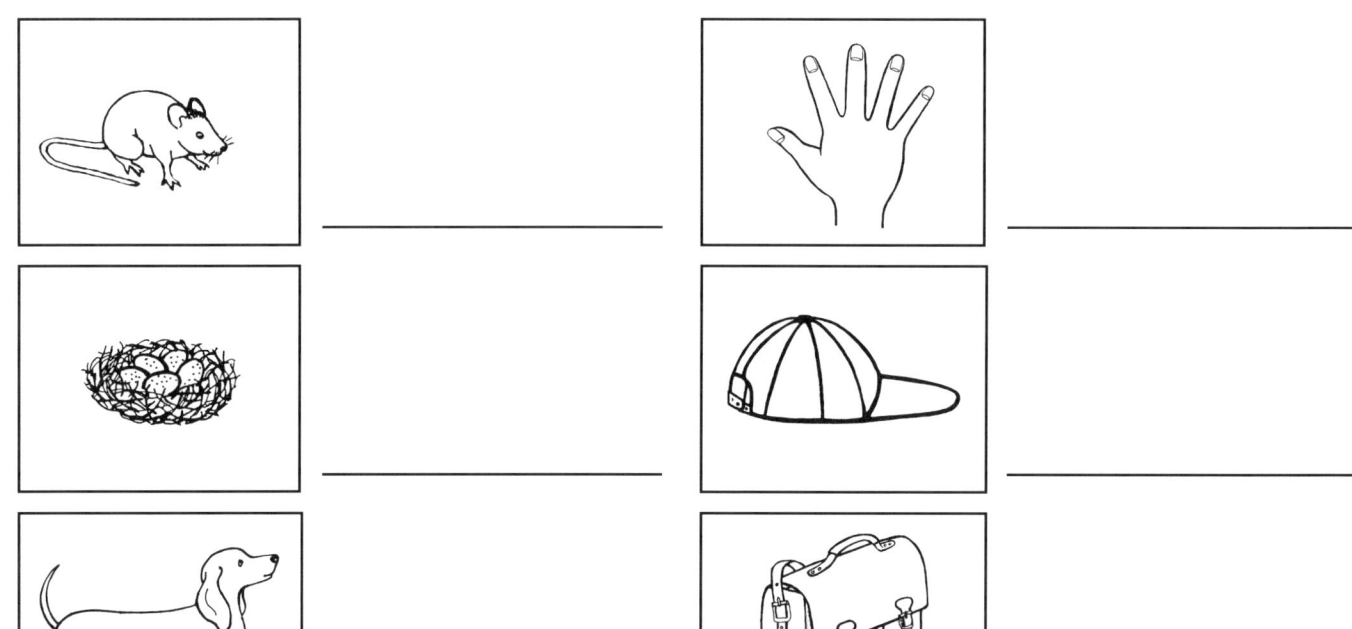

Lesen und verstehen 53

Kreuze das passende Wort an.

 Dose ☐
Rose ☐
Hose ☐

 Hase ☐
Nase ☐
Vase ☐

 Engel ☐
Angel ☐
Anker ☐

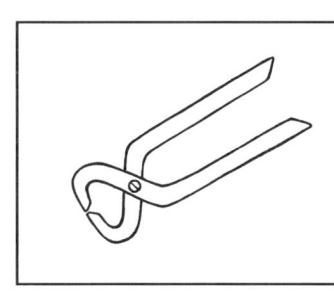 Junge ☐
Zunge ☐
Zange ☐

Schreibe das passende Wort.

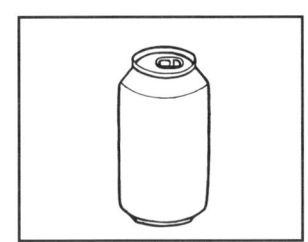 _____   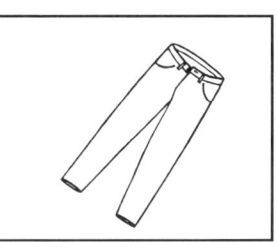 _____

 _____   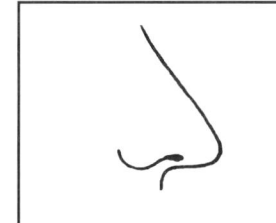 _____

 _____   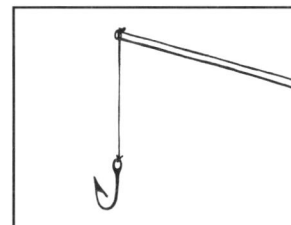 _____

 _____   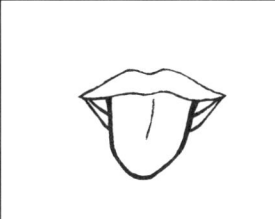 _____

Lesen und verstehen 54

Kreuze das passende Wort an.

1.
Hund ☐
Mund ☐

2.
Engel ☐
Angel ☐

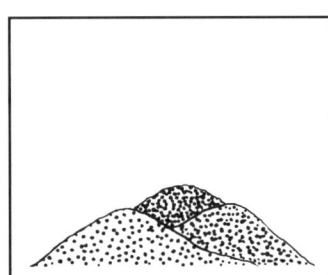
3.
Hand ☐
Sand ☐

4.
Esel ☐
Igel ☐

Schreibe die Anlaute der richtigen Wörter ins entsprechende Kästchen.

1.	2.	3.	4.

Male das passende Bild an.

 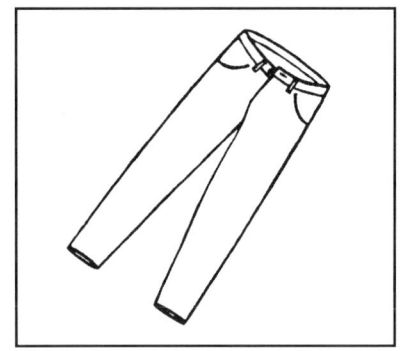 

Lesen und verstehen

Kreuze das passende Wort an.

 1. Kanne ☐
Tanne ☐

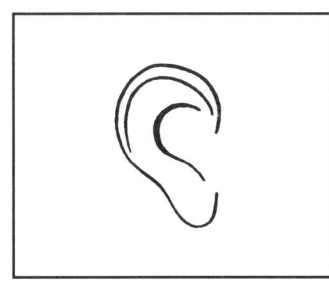 2. Ohr ☐
Uhr ☐

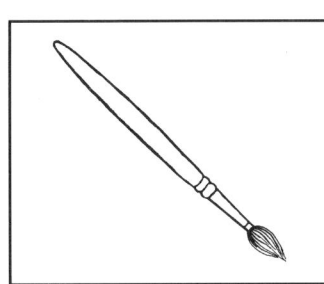 3. Insel ☐
Pinsel ☐

 4. Fisch ☐
Tisch ☐

Schreibe die Anlaute der richtigen Wörter ins entsprechende Kästchen.

1.	2.	3.	4.

Male das passende Bild an.

  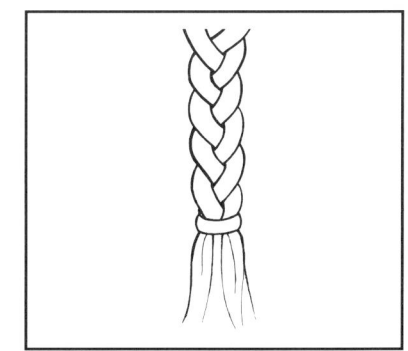

Kreuzworträtsel 56

Löse das Rätsel.

Alles findest du in der

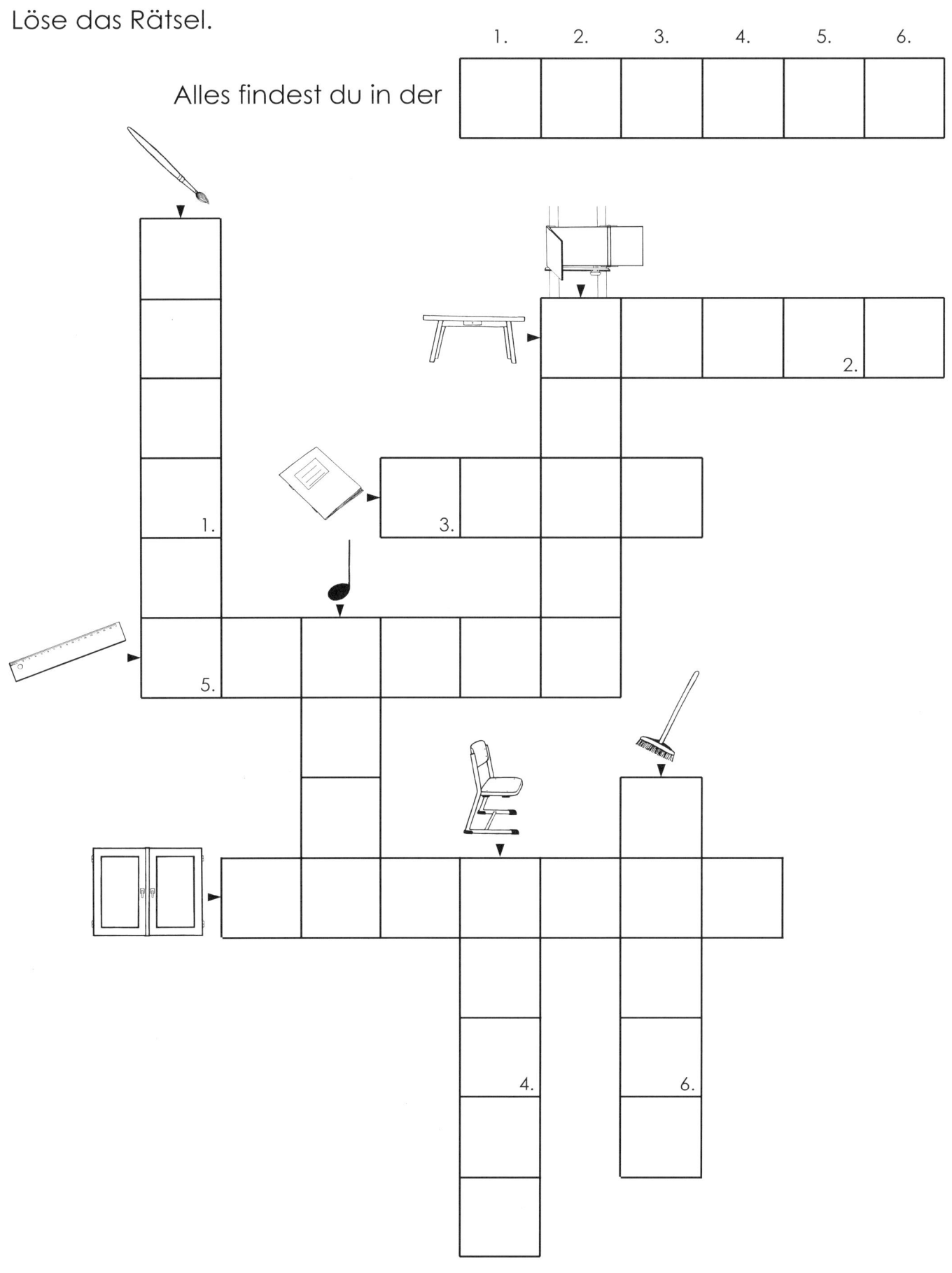

BESEN   FENSTER   HEFT   LINEAL   NOTE   PINSEL   STUHL   TAFEL   TISCH

Kreuzwörträtsel

Löse das Rätsel.

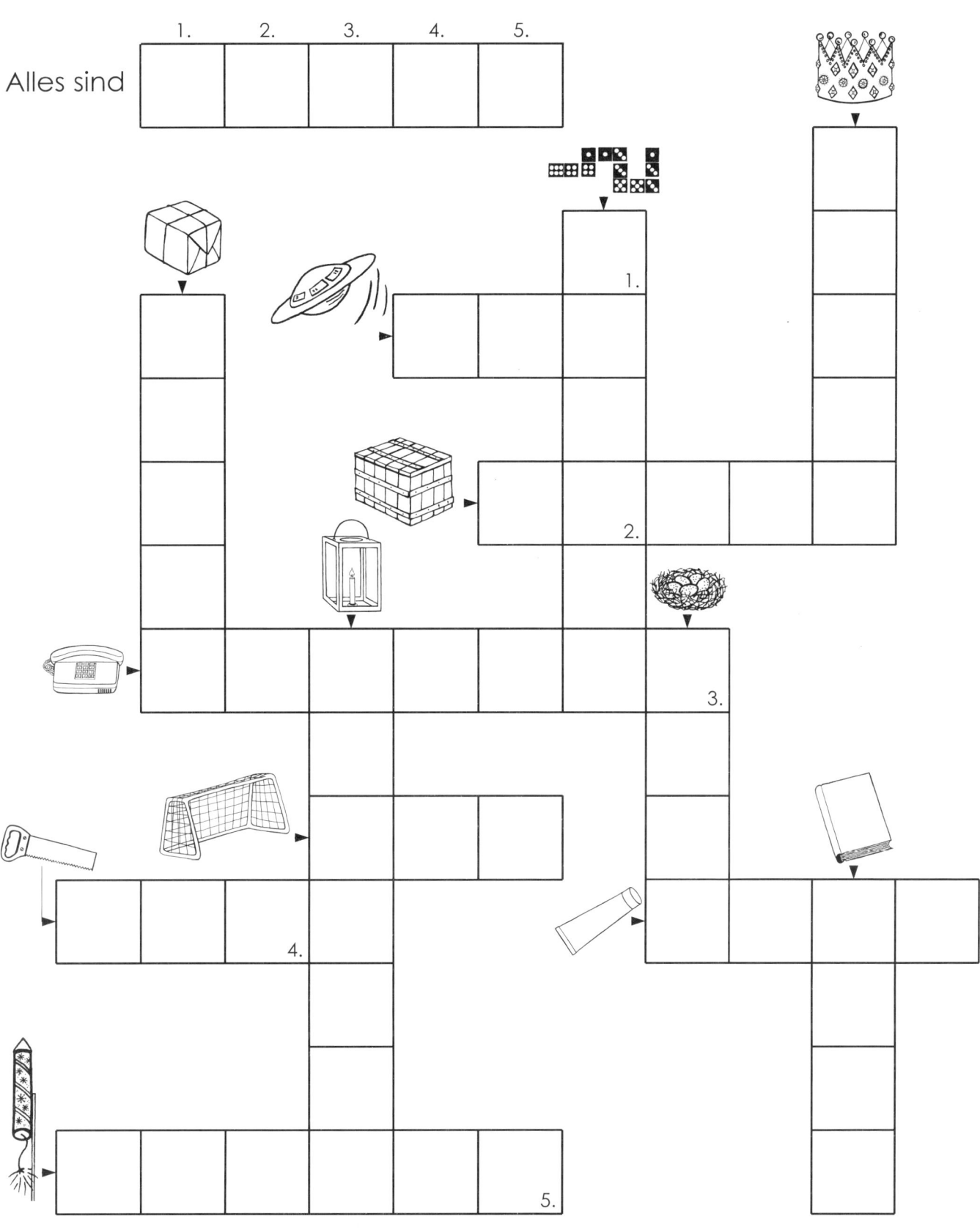

BUCHDOMINOLATERNEKISTEKRONENESTPAKETRAKETESÄGETELEFONTORTUBEUFO

Kreuzworträtsel 58

Löse das Rätsel.

Wir sind | 1. | 2. | 3. | 4. | 5. |

AFFE AMEISE DELFIN ELEFANT ENTE ESEL EULE HASE IGEL LÖWE MAUS TIGER VOGEL